BOEKANALYSE

Parcival

· · · · · · · · · · · · · · · · ·

CHRÉTIEN DE TROYES

BOEKANALYSE

Geschreven door Flore Beaugendre
Vertaald door Nikki Claes

Parcival

- -

CHRÉTIEN DE TROYES

CHRÉTIEN DE TROYES

FRANSE DICHTER

- **Geboren rond 1135.**
- **Stierf rond 1183.**
- **Opmerkelijke werken**:
  - *Erec en Enide* (rond 1170), roman
  - *Yvain, de Ridder van de Leeuw* (rond 1177), roman
  - *Lancelot, of, De ridder van de kar* (rond 1177-1181), roman

Chrétien de Troyes werd geboren rond 1135 en stierf rond 1183. Zijn naam doet vermoeden dat hij uit de stad Troyes kwam. We weten heel weinig over hem, behalve de weinige informatie die we uit zijn geschriften kunnen afleiden. We kunnen bijvoorbeeld veronderstellen dat hij klerk en regelmatig bezoeker was van het hof van Champagne, toen het hof van Filips van de Elzas, graaf van Vlaanderen (1143-1191).

Chrétien de Troyes is een sleutelfiguur in de middeleeuwse literatuur en wordt beschouwd als de eerste bekende auteur van ridderromans. Hij schreef zeven boeken in dit genre, waarvan er zes zich afspelen in het Arthuriaanse tijdperk. Zijn beroemdste romans, *Yvain, de Ridder van de Leeuw* en *Perceval, of Het verhaal van de Graal*, schreef hij tegen het einde van zijn leven.

PARCIVAL

EEN VAN DE BESTE VOORBEELDEN VAN DE HOOFSE ROMAN

- **Genre:** roman
- **Referentie-uitgave:** De Troyes, C. (2011) *Perceval, or, The Story of the Grail*. Trans. Cline, R.H. Athens, Georgia: University of Georgia Press.
- **1e editie:** 12e eeuw
- **Thema's:** volwassenwording, ridderschap, heldendaden, Ronde Tafel

Parcival werd waarschijnlijk rond 1181 geschreven en bleef onvoltooid toen de auteur stierf. Het is opgedragen aan de beschermheer van Chrétien de Troyes, Filips van de Elzas, graaf van Vlaanderen. De roman vertelt het verhaal van Perceval, een jongeman die naïef en onwetend begint, maar zich ontwikkelt tot een gerespecteerde ridder. De auteur wisselt zijn avonturen af met die van Gawain.

Omdat het werk onvoltooid bleef, wilden andere auteurs voortzettingen schrijven op de avonturen van Perceval en Gawain. Veel latere schrijvers namen het verhaal over en voegden er allerlei toevoegingen aan toe. Met *Parcival*, was Chrétien verantwoordelijk voor de verspreiding van de Arthurlegende en de Kwestie van Brittannië.

SAMENVATTING

CHRÉTIEN DE TROYES' ROMAN

Perceval's avonturen

Chrétien draagt zijn boek op aan zijn beschermheer, Filips van de Elzas, graaf van Vlaanderen, die hij prijst.

Nadat hij voor het eerst enkele ridders heeft ontmoet, besluit Perceval naar Koning Arthur te gaan om zich te laten dopen. Zijn moeder geeft hem drie adviezen: dien dames, zoek het gezelschap van heren en bid. Daarna zakt ze als dood in elkaar.

Onderweg komt de jongeman uit Wales een slapend meisje tegen in een tent. Hij kust haar en steelt haar ring. Het meisje is in de diepte van wanhoop omdat haar minnaar boos op haar kan worden.

Perceval arriveert aan het hof van koning Arthur en vraagt hem te dopen, maar de koning stelt het uit tot later. De jongeman vertrekt dan om de kleren van de Rode Ridder, een vijand van de koning, op te eisen en slaagt erin zijn harnas mee te nemen.

De jongeman ontmoet de heer Gornemant van Gohort, die hem tot ridder maakt. Gornemant stelt hem voor aan zijn rang en geeft hem waardevolle adviezen, zoals om niet te veel te praten: "Het gezegde van de wijzen is altijd geweest dat 'Te veel praten een zonde is'" (p. 48).

Perceval arriveert in het kasteel van Belrepeire, de thuisbasis van Blancheflor, dat wordt belegerd door koning Clamadeu. De jongeman biedt de seneschal en de koning zelf aan, in ruil voor de liefde van de mooie dame. Hij overwint.

Perceval vertrekt om zijn moeder terug te vinden. Hij krijgt voedsel en onderdak van de Visserskoning, die hem een buitengewoon zwaard aanbiedt. Hij is getuige van de mysterieuze ceremonie van de doorgang van de graal en een lans die bloedt. Hij volgt de raad van Gornemant op en stelt geen vragen. Zijn gastheer, getroffen door een mysterieuze ziekte, trekt zich terug. De volgende dag is het kasteel verlaten.

Bij zijn vertrek ontmoet Perceval een jonge vrouw die huilt om haar geliefde, een ridder. Zij vertelt hem het verhaal van de Visserskoning en verwijt hem dat hij zijn gastheer niet naar de graalprocessie heeft gevraagd. Ze zegt dat ze zijn nicht is en vertelt hem dat zijn moeder is overleden.

Perceval heeft niets te doen, dus gaat hij weer op weg. Hij komt het meisje tegen dat hij beledigd heeft op de dag dat hij vertrok. Zij is veroordeeld tot een leven vol ellende door haar jaloerse minnaar, de Trotse Ridder van de Moor. Perceval confronteert de Trotse Ridder en bevrijdt de jonge vrouw uit zijn klauwen.

Koning Arthur gaat op zoek naar Perceval. De jongeman, die bloeddruppels op de sneeuw overziet, vecht tegen de ridders die hem roepen, maar stemt ermee in Gawain te volgen. Aan het hof vermaant een zeer lelijke maagd hem dat hij in het kasteel van de Visserskoning niet heeft gesproken, omdat het vragen naar de graal de koning, die het slachtoffer is van een vloek, had kunnen genezen. Vervolgens arriveert

Guinganbresil, beschuldigt Gawain van de moord op zijn vader en eist dat hij zich voor de koning van Escavalon verantwoordt.

Gawain

Gawain gaat naar de koning van Escavalon. Onderweg neemt hij deel aan een toernooi waar hij zijn eer moet verdedigen, waarna hij onbewust in de armen wordt gesloten door zijn vijand, de koning zelf. Hij wordt verliefd op de zus van de koning. Hij krijgt een extra jaar om zich te verantwoorden voor zijn daden en zijn missie te volbrengen: de bloedende lans terugbrengen.

Korte terugkeer naar Perceval

Perceval heeft zich vijf jaar lang onderscheiden, maar heeft het geloof verlaten. Hij gaat biechten bij een kluizenaar, die hem raad geeft en onthult dat hij zijn oom is. Hij vertelt hem ook dat de Visserskoning zijn neef is en dat de graal, een kelk die een hostie bevat, de vader van de koning in leven houdt.

De voortzetting van Gawains avonturen

Na een ongeluk met Greoreas gaat Gawain naar een gevaarlijk betoverd kasteel. Hij bevrijdt het kasteel van de kwade betovering door op het Wonderbed te gaan zitten en verdient daarmee de dankbaarheid van de koningin. Hij weigert zijn identiteit te onthullen totdat er zeven dagen zijn verstreken.

Gawain ontmoet Guiromelant, die hem vertelt dat de vrouwen in het kasteel koning Arthurs moeder Ygerne en Gawains eigen moeder en zuster zijn. Guiromelant geeft toe dat hij verliefd is op de zus, maar dat haar broer Gawain zijn grootste vijand is. Gawain onthult dan zijn identiteit en de twee mannen moeten duelleren.

DE VOORTZETTINGEN

Episode 1

Koning Arthur gaat naar het kasteel van Ygerne. Gawains zus zorgt ervoor dat het duel wordt afgeblazen en trouwt met haar minnaar.

Aflevering 2

Perceval gaat naar het kasteel van Belrepeire, wordt rijk, vindt Blanchefor en belooft haar in de toekomst te trouwen. Dan vertrekt hij weer om op zoektocht te gaan.

Aflevering 3 en 4

Perceval redt twee ridders, die het slachtoffer zijn geworden van een magische zuil op een berg, van de waanzin. Na een reeks tegenslagen besluit hij naar de berg te gaan.

Aflevering 5

Perceval komt een kind tegen dat in een boom zit en voorspelt dat hem op de berg iets zal overkomen; de ridder ontsnapt echter aan de kwade spreuk. De dochter van Merlijn vertelt hem het verhaal van de magische zuil. Perceval gaat naar de Visserskoning, die hem alle mysteries uitlegt die hij is tegengekomen.

Aflevering 6

Perceval slaagt erin de Zwarte Hand, een allegorie van Satan, te vernietigen in een mysterieuze kapel. Hij vervolgt zijn weg, maar wordt het slachtoffer van enkele duivelse streken. Een heer komt hem te hulp.

Aflevering 7

Perceval verneemt dat Belrepeire wordt belegerd door Arides van Escavalon. Hij gaat op pad om zijn dame te verdedigen en komt als winnaar uit de bus.

Aflevering 8

Perceval redt Gornemant van Gohort, wiens kasteel wordt aangevallen door veertig ridders die telkens als ze worden gedood weer tot leven komen. Dit komt door een kwade spreuk die is uitgesproken om Gornemant uit te schakelen als straf voor het aanwijzen van Perceval, de toekomstige koning van de Graal. Perceval trouwt met Blancheflor.

Aflevering 9

Perceval ontmoet Hector. Na een duel worden ze genezen door de verschijning van de graal. Perceval komt aan bij het kasteel van Pertinax, die alle ridders die dichterbij komen doodt. Perceval hakt zijn hoofd af en brengt het naar de Visserkoning, waarmee hij de kwade spreuk opheft die over hem is uitgesproken. De Visserkoning ontdekt dat hij familie is van de jongeman en maakt hem tot zijn erfgenaam.

Aflevering 10

Aan het hof van Koning Arthur blijft de gevaarlijke zetel aan de Ronde Tafel onbezet: dit is de zetel voor de Koning van de Graal. Perceval probeert het, en brengt zo de zes ridders die stierven na een poging om erop te zitten weer tot leven.

Afleveringen 11 en 12

Perceval ontmoet enkele monniken die hem het verhaal van Koning Mordrain vertellen. Later verneemt hij dat de Visserskoning dood is, dus moet hij hem vervangen. Hij regeert zeven jaar. Na de dood van Blancheflor trekt hij zich terug in een klooster om priester te worden. Als hij sterft, verdwijnen de graal en de bloedende lans.

KARAKTERSTUDIE

PERCEVAL

We leren de naam van Perceval van Wales, de held van het eerste deel van Chrétiens roman, pas vrij laat kennen. Hij is de verwende zoon van een weduwe en het lijkt erop dat de vermelding van zijn naam samenvalt met het feit dat hij een onafhankelijk individu wordt. Aan het begin van het verhaal weet de lezer niet veel over het personage en, vreemd genoeg, lijkt hij zichzelf ook niet te kennen: hij "raadde" zijn naam (p. 98), herkent zijn neef niet en is zich niet bewust van zijn afkomst. Hij wordt niet lichamelijk beschreven, maar slechts voorgesteld als knap en aantrekkelijk. Hij lijkt erg jong te zijn, want hij wordt aangeduid als "jongen", een term die in de Middeleeuwen vooral voor kinderen werd gebruikt. Als zodanig lijkt hij pas echt te kunnen bestaan als hij zijn lot volgt en ridder wordt.

Bij zijn inwijding in de wereld van de ridders is Perceval een uiterst naïeve en onvolwassen jongeman: zelfs zijn opmerkelijke moed en ambitie lijken door deze naïviteit te worden beheerst. Hij is niet in staat tot onderscheidingsvermogen, want hij volgt alle adviezen die hij krijgt naar de letter op zonder na te denken over de gevolgen van zijn daden. Bovendien lijkt hij geen oog te hebben voor zijn omgeving ("De jongeman gaf geen moer om iets wat de koning aanging", p. 31) en lijkt hij gevoelloos. Ook al ziet hij zijn moeder vallen als hij weggaat, hij gaat niet naar haar terug en lijkt niet bedroefd als hij erachter komt dat ze is gestorven. Wanneer hij echter zijn neef ontmoet, lijkt hij zich tegelijk met zijn naam bewust te worden van zijn daden. Vanaf dat moment ontwikkelt het personage zich tot een wijze ridder die anderen respecteert. Chrétien presenteert Perceval dus als een dwaze jongeman die dankzij een goede opvoeding een hoofse ridder wordt.

GAWAIN

Gawain is een gerespecteerde ridder met een indrukwekkende afkomst, die behoort tot de traditie van de Arthuriaanse verhalen. Bij Chrétien belichaamt hij perfectie: hij is moedig, wordt nooit verslagen en zijn daden worden gemotiveerd door een scherp gevoel voor ridderlijkheid. Deze knappe ridder is dan ook het archetype van het soort personage dat de naïeve Perceval aan het begin van de roman zou willen zijn. Wanneer Perceval de bloeddruppels in de sneeuw overweegt, herkennen de twee mannen elkaar. Perceval ziet Gawain als zijn dubbelganger, zijn ridderlijke zielsverwant, en stemt ermee in hem te volgen. Zo plaatst de auteur de twee mannen boven de andere ridders.

Hun ontmoeting lijkt echter een keerpunt in het verhaal te markeren en hun rollen om te draaien: Perceval begint aan een zoektocht naar de graal en is een dappere ridder geworden aan het hof van de koning als Gawain moet vertrekken om zijn aangetaste eer te herstellen. De neef van Arthur, die tot dan toe onberispelijk was, verliest wat van zijn moed. Hij verwaarloost meerdere malen zijn zoektocht (bijvoorbeeld wanneer hij de koning van Escavalon gaat opzoeken) en toont zich trots: hij haast zich naar het kasteel van Ygerne omdat een bootsman hem dat afraadt. Hij wordt door

Greoreas vernederd wanneer hij het oorlogspaard moet aan- sporen, waardoor hij in een voor een ridder onwaardige positie terechtkomt. Hij is ook onbetrouwbaar: hij belooft trouw en loyaliteit aan twee verschillende vrouwen in een paar dagen tijd.

We kunnen ons afvragen of de laatste roman van Chrétien de neergang van Gawain markeert. Dit kan niet worden beves- tigd omdat de tekst onvoltooid is gebleven, maar veel ele- menten tasten zijn status als modelridder aan, ten gunste van Perceval.

ANALYSE

EEN "ROMAN"

In het Frans wordt *Parcival* beschreven als een roman. In de Middeleeuwen verwees deze term naar teksten in de Franse volkstaal, afgeleid van het Latijn, dat als de geleerde taal werd beschouwd. In de 12e eeuw evolueerde de definitie van het woord naar een verhaal, vertaald uit het Latijn of rechtstreeks in het Frans geschreven, in vers en vervolgens in proza. Hier vindt het literaire genre van de roman zijn oorsprong. Op die manier verving de roman geleidelijk het *chanson de geste* (een soort episch gedicht) en de lyrische poëzie, de twee dominante genres van die tijd waar hij door beïnvloed was. De auteurs gingen zich meer bezighouden met de structuur van hun teksten, namen lange vertellingen aan en waren van plan hun werken in stilte te lezen. Zij combineerden de thema's avontuur en hoofse liefde en richtten zich op het individu. Zij ontleenden hun onderwerpen aan drie belangrijke bronnen: de Kwestie van Rome, de Kwestie van Frankrijk en de Kwestie van Brittannië.

Chrétien de Troyes wordt beschouwd als een van de eerste romanschrijvers. Hij liet zich inspireren door de Matter of Britain, een verzameling Keltische legenden en tradities die vroeger mondeling waren verspreid. Het omvatte in het bijzonder de Arthurcyclus, die het verhaal vertelt van Koning Arthur en de Ridders van de Ronde Tafel. *Parcival neemt* de Arthuriaanse traditie over via het verhaal van de avonturen van de beroemde ridders Perceval en Gawain, maar introduceert een vernieuwend element met het thema van de zoektocht naar de graal, waardoor de oude mythe wordt verrijkt. Het werk van Chrétien onderscheidt zich ook door een grotere individualisering van de personages, waarvan sommige als heroïsche figuren worden voorgesteld. Terwijl de *chansons de geste* de acties van een groep uitbeeldden, richtte dit nieuwe genre zich meer op een centraal personage, in dit geval een ridder die de verteller een bepaalde bestemming gaf. Door deze aanpak creëerde Chrétien de ridderroman, een genre dat verhaalt over de individuele heldendaden van ridders die de liefde van een dame willen winnen en door middel van zoektochten vervulling willen vinden.

EEN COMING-OF-AGE ROMAN

De coming-of-age roman, ook wel *Bildungsroman genoemd*, is een fictief verhaal met een onervaren en meestal jonge held. Door een bepaalde gebeurtenis begint hij aan een reis naar volwassenheid: hij krijgt te maken met een reeks situaties waardoor hij zich ontwikkelt en zijn eigen kijk op het leven kan vormen. Deze constructie van het zelf komt vaak tot stand door leren in een bepaald domein.

Parcival is een van de beroemdste coming-of-age-romans. Het verenigt alle componenten van het genre: de held wordt ingewijd in de ridderschap en bouwt zichzelf daardoor op als individu. Aan het begin van het verhaal is Perceval een bijzonder naïeve en onwetende jongeman: hij ziet de ridders aan voor engelen en een tent voor een kerk. Zijn gebrek aan opleiding is opvallend: hij heeft van de wereld afgezonderd geleefd met een overbezorgde moeder. Het element dat hem op weg zet is zijn ontmoeting met de ridders: vanaf dat moment ontwikkelt hij een eenduidig verlangen om gedoopt te worden. Het verlaten van zijn moeder stelt hem in staat niet langer dwaas te zijn. Het gebrek aan identiteit van de held aan het begin van de roman is veelzeggend: hij wordt aanvankelijk aangeduid met bijzinnen als "het kind van de weduwe" (p. 5), en wordt pas op p. 98 Perceval van Wales. Zo laat Chrétien zien dat het personage, dat aanvankelijk onbeduidend was en verbonden met zijn moeder, zijn naam pas verdient nadat hij verschillende prestaties heeft geleverd. Door Perceval te worden, voltooit de held een belangrijke fase in zijn leerproces.

In de roman bouwt de held zijn identiteit op door middel van ridderlijkheid. Hij krijgt advies van drie opeenvolgende mentoren die hem de geheimen van de vervulling onthullen: zijn moeder, de heer Gornemant van Gohort en de kluizenaar. Deze drie personages bieden hem een steeds verfijndere theoretische opleiding. Zijn opleiding wordt voltooid terwijl hij met verschillende gebeurtenissen omgaat: hij begrijpt en verwerft ridderlijke waarden terwijl hij deelneemt aan veldslagen en verschillende mensen ontmoet. De auteur benadrukt de ontwikkeling van Perceval door de nadruk te leggen op zijn fouten en de manier waarop hij die achteraf goedmaakt. Aanvankelijk beledigt hij het slapende meisje, dat hem "een jonge Welshe dwaas, een clown, een oen" (p. 25) noemt, maar als hij eenmaal een dappere ridder is geworden, ontmoet hij haar weer en redt haar uit de ellende waarin hij haar heeft gedreven. De episode met de processie van de graal volgt hetzelfde patroon: hij maakt de fout geen vraag te stellen, wat resulteert in ongeluk voor de ridders, maar de voortzettingen geven hem de kans zichzelf te verlossen en de

Visserskoning te bevrijden van de kwade betovering. Chrétien, nagevolgd door zijn opvolgers, illustreert de opleiding van zijn held met dit verhaal dat de cirkel rond maakt en van Perceval een knappe en volleerde ridder maakt.

Perceval ontdekt geleidelijk de belangrijke waarden moed, ridderlijkheid en liefde. Aan het begin van het verhaal is hij onervaren en maakt hij zich onhandig vertrouwd met vrouwen via de slapende maagd, voordat hij met Blancheflor het romantische ideaal bereikt. Zijn kennismaking met de liefde gaat dus hand in hand met zijn toenemende kennis van het ridderschap. Zijn religieuze reis verloopt volgens hetzelfde patroon: aanvankelijk zegt zijn moeder hem tot God te bidden, maar "elk ander gebed dat hij kende, had zijn moeder hem leren opzeggen" (p. 8). Hij verwerft religieuze kennis door zijn ontmoeting met de kluizenaar. We leren dat hij tot dan toe zijn plichten als christen heeft verwaarloosd, maar zijn oom zet hem weer op het rechte pad door hem te leren over de voordelen van bidden en biechten. Na de dood van Chrétien gingen latere schrijvers nog verder door Perceval zich na de dood van zijn geliefde in een klooster te laten terugtrekken. Terwijl hij een gerespecteerd ridder wordt, beheerst Perceval ook met succes de liefde en het geloof.

RIDDERSCHAP

Ridderschap is een van de grote thema's van Chrétiens roman. In dit verhaal waarin overal vrouwen zijn, worden ridders voortdurend heen en weer geslingerd tussen avontuur en liefde. De conflicten tussen de personages worden voornamelijk ingegeven door de noodzaak om dames in nood te helpen: ze proberen de bewondering van een dame te winnen op basis van de principes van de hoofse liefde, of *fin'amor* in het Occitaans. *Fin'amor* verwijst naar een gecodificeerde, diepe en duurzame liefde tussen twee goede mensen. Chrétien geeft de regels van deze liefdeskunst in zijn boek weer via de relatie tussen Perceval en Blancheflor. De geliefde dame is van adel en heeft een hoge sociale status. Haar minnaar idealiseert haar: "De Heer schiep haar een wonder om de harten van mannen als buit weg te stelen, en nooit, sinds die tijd of later, heeft Hij een meisje een grotere schoonheid geschonken om haar rivaal te zijn" (p. 53). De ridder moet zijn toewijding tonen en grote prestaties leveren om het hart van zijn geliefde waardig te zijn: Perceval vecht tegen de vijanden van Belrepeire en ontvangt in ruil daarvoor de liefde van Blancheflor. Hij moet haar ook trouw zweren: we weten dat Perceval alle verleidingen weerstaat die hij tijdens zijn avonturen tegenkomt. *Fin'amor* toont dus een ideale liefde met de vrouw als middelpunt.

Het begrip ridderschap strekt zich ook uit tot de sociale sfeer. Het definieerde alle gedragsregels voor de adel in de Middeleeuwen. Goedheid, moed, dapperheid, eergevoel en edelmoedigheid waren ridderlijke eigenschappen die edellieden moesten ontwikkelen. Zoals we hebben gezien, verwerft Perceval deze geleidelijk aan naarmate hij volwassener wordt. Gastvrijheid en respect voor anderen zijn ook intrinsieke waarden in de ridderwereld.

Het feit dat ridderlijkheid voortdurend aanwezig is in *Parcival* toont aan dat het behoort tot het genre van de hoofse romantiek die zich in de 11e en 12e eeuw ontwikkelde. De hoofse romance, die oorspronkelijk in octosyllaben (achtlettergrepige regels) of alexandrijnen (twaalflettergrepige regels) en vervolgens in proza werd geschreven, verhaalt over de fabelachtige en vooral ridderlijke avonturen van ridders.

EEN COMPLEXE STRUCTUUR

Parcival heeft een complexe structuur en bevat inconsistenties die de lezer uit zijn evenwicht kunnen brengen. De ruimtelijke en temporele verwijzingen in de roman zijn onsamenhangend: de duur van de gebeurtenissen kan bijvoorbeeld niet overeenkomen met de aangegeven tijd, Perceval overdenkt de sneeuw in juni, en het gat van vijf jaar in zijn verhaal is abrupt en past niet goed in het verloop van de gebeurtenissen. Er is geen verband tussen de plaatsen die de hoofdpersonen bezoeken: we krijgen de indruk dat de ridders in het wilde weg van het ene kasteel naar het andere reizen, en het hof van Koning Arthur is bijzonder onstabiel (van Carduel naar Carlion, via Orkney). Bovendien hebben sommige episodes geen afloop (we kennen het verhaal niet van het buitengewone zwaard dat aan Perceval wordt aangeboden, en het duel tussen Gawain en Guinganbresil wordt uitgesteld tot later) en de zoektocht naar de graal, waaraan het boek zijn titel ontleent, wordt snel terzijde geschoven. Het naast elkaar plaatsen van de verhalen van Perceval en de avonturen van Gawain heeft bij sommige critici zelfs de indruk gewekt dat een kopiist heeft geprobeerd twee afzonderlijke werken samen te voegen.

Toch kunnen we een eenheid in de roman ontdekken. De overgang naar de avonturen van Gawain is niet zo abrupt als het lijkt, want er wordt een verband gelegd tussen de twee helden wanneer Arthurs neef naar de jonge ridder vraagt ("In godsnaam, sire, wie is deze ridder…?", p. 112) en wanneer hij

Perceval terugbrengt naar het hof. Zo loopt Chrétien vooruit op de overgang van de ene ridder naar de andere. De korte terugkeer naar de reis van Perceval illustreert de techniek van de verstrengeling van plots, een kenmerk van Arthurverhalen.

Bovendien zijn er veel overeenkomsten tussen de avonturen van Perceval en Gawain: ze hebben allebei te maken met de bloedende lans, ze komen allebei dames tegen die beledigd zijn door een klap, enzovoort. Hun reizen lijken spiegelbeelden of omgekeerd symmetrisch: Perceval vecht om een hooggeplaatste en gerespecteerde ridder te worden, terwijl Gawain, die al vermaard is, vecht om zijn aangetaste eer te herstellen. Perceval verliest zijn moeder aan het begin van het verhaal, terwijl Gawain de zijne vindt aan het eind. Het verhaal van de avonturen van de twee ridders geeft dus aan dat de auteur hun lotsbestemmingen parallel aan elkaar wil plaatsen en de lezer wil aanmoedigen ze te vergelijken.

VERDERE REFLECTIE

ENKELE VRAGEN OM OVER NA TE DENKEN...

- Welke plaats heeft religie in de roman?

- De avonturen van Perceval en Gawain introduceren een fantastisch element. Hoe wordt dit getoond?

- Vrouwen zijn overal in het verhaal. Hoe belichamen zij zowel zwakte als kracht?

- Perceval's gevechten hebben een symbolische functie. Welke?

- Wat is volgens u de bedoeling van Chrétien de Troyes om een parallel te trekken tussen Perceval en Gawain?

- *Parcival* is een van de eerste ridderromans. Wat zijn de kenmerken van dit genre? Wat wijst erop dat het verwant is aan de genres van de hoofse poëzie en het *chanson de geste*?

- Op welke manier is *Parcival* een voorbeeld geworden in de literatuur en de kunsten? Noem voorbeelden waar het als inspiratie heeft gediend.

VERDER LEZEN

REFERENTIE-UITGAVE

De Troyes, C. (2011) *Perceval, or, The Story of the Grail*. Trans. Cline, R.H. Athens, Georgia: University of Georgia Press.

REFERENTIESTUDIES

Burgess, G.S. en Pratt, R. (2009) *De Arthur van de Fransen: The Arthurian Legend in Medieval French and Occitan Literature (Arthurian Literature in the Middle Ages)*. Cardiff: University of Wales Press.

Gray, M. (1992*) A Dictionary of Literary Terms (York Handbooks)*. Londen: Longman.

Lacy, N.J. en Grimbert, J.T. eds. (2008) *A Companion to Chrétien de Troyes (Arthurian Studies)*. Woodbridge: D.S.Brewer.

McGuinness, P. (2017) *French Poetry: From Medieval to Modern Times (Everyman's Library Pocket Poets)*. Londen: Everyman's Library.

Schultz, J.A. (2006) *Courtly Love, the Love of Courtliness, and the History of Sexuality*. Chicago: University of Chicago Press.

AANPASSING

Perceval le Gallois. (1978) [Film]. Éric Rohmer. Dir. Frankrijk: Les Films du Losange.

Rohmer kiest ervoor dicht bij de oorspronkelijke tekst te blijven, maar gebruikt opzettelijk onrealistische decors. Koren worden gebruikt om de beschrijvingen tussen de verschillende actiescènes weer te geven.

*We horen graag van jou! Laat
een reactie achter op jouw online bibliotheek
en deel je favoriete boeken op social media!*

De uitgever garandeert de betrouwbaarheid van de gepubliceerde informatie, die echter niet onder zijn verantwoordelijkheid valt.

www.50minutes.com

Master ISBN: 9782808689250
Papier ISBN: 9782808610650
Wettelijk depot: D/2023/12603/1345

Omslag: © Primento

Digitaal ontwerp: Primento, de digitale partner van uitgevers.